Fern Green

GRÜNE SMOOTHIES

Die Energiebooster

1250
1000

Fern Green

GRÜNE SMOOTHIES

Die Energiebooster

INHALT

EINLEITUNG

Für den Körper sorgen

Heute sind wir besser als in früheren Zeiten in der Lage, uns gegen Krankheiten und den Alterungsprozess zu wappnen. Wir wissen, wie wichtig es ist, auf den Körper zu achten und welche Rolle eine gesunde Ernährung dabei spielt. Sie nämlich wirkt sich positiv auf unseren Energiehaushalt aus, verhilft uns zu körperlichem Wohlbefinden und zu einer positiven Lebenseinstellung.

Häufig weisen Experten darauf hin, dass das Kochen die wertvollen Enzyme in unseren Nahrungsmitteln zerstört und auch andere Nährstoffe beeinträchtigt. Besser für uns wären möglichst einfach und rasch zubereitete rohe Nahrungsmittel.

Das lässt sich mit Säften und Smoothies problemlos realisieren. Sie sind eine wunderbare Möglichkeit, rohe Früchte und Gemüse zu essen. Geben Sie zum Beispiel eine Handvoll Spinat und ein oder zwei Äpfel in den Mixer oder Entsafter und im Nu haben Sie ein originelles und sehr nahrhaftes grünes Getränk. Würden Sie stattdessen einen Spinatsalat zubereiten, müssten Sie eine Riesenportion essen, um dieselbe Menge an Vitaminen und Mineralstoffen aufzunehmen.

Dieses Buch bietet Ihnen viele Tipps und Rezeptideen. Damit werden Sie schnell ein echter Fan von Gemüsesäften und grünen Smoothies. Ganz egal, ob Sie abnehmen, etwas gegen Ihre Müdigkeit tun, eine Krankheit bekämpfen oder einfach nur gesünder leben möchten, setzen Sie Säfte und Smoothies auf Ihren täglichen Speisezettel. Schon bald werden Sie ihre wohltuende Wirkung spüren.

Fünf Vorteile von grünen Gemüsedrinks

Mit unseren Säften und Smoothies können Sie:

- Ihren Körper reinigen, entgiften und Ihren Säure-Basen-Haushalt ins Gleichgewicht bringen. So beugen Sie Krankheiten vor und lösen gesundheitliche Probleme.
- Ihre tägliche Koffeinmenge senken. Mit grünen Drinks tanken Sie auf natürliche Weise Energie.
- Aus Kindern Gemüsefans machen. Mögen Ihre Kinder kein Gemüse, mixen Sie es einfach mit ihren Lieblingsfrüchten zu lecker bunten Drinks.
- Ihr Gewicht reduzieren. Genießen Sie statt Snack oder Mahlzeit einen Saft oder Smoothie. Die enthaltenen Antioxidantien und phytochemischen Verbindungen versorgen Sie mit ausreichend Energie.
- Ihr Blut reinigen, denn Smoothie & Co. liefern reichlich Vitamine, Enzyme und Chlorophyll.

Saft oder Smoothie?

Ob Sie lieber zu einem Saft oder zu einem Smoothie greifen, entscheidet Ihr persönlicher Geschmack. Beide sind gleichermaßen nährstoffreich und gesund, da sie aus rohen Zutaten bestehen. Für die Zubereitung von Smoothies brauchen Sie einen Mixer, für selbst gemachte Säfte einen Entsafter (s. S. 8–9).

Für einen köstlichen Saft voller Vitamine und Mineralstoffe müssen Sie nur Früchte und Gemüse in den Entsafter geben: Beim Trinken gehen die frisch gepressten Nährstoffe innerhalb weniger Minuten ins Blut über und liefern Ihnen sofort einen gewaltigen Energieschub. Mit einem frischen Saft führen Sie Ihrem Körper am schnellsten gesundes grünes Gemüse zu. Beim Entsaften nämlich wird der Saft von den Ballastsstoffen getrennt. Perfekt, denn Ballaststoffe würden die Aufnahme der Nährstoffe im Körper nur verlangsamen. Diese Pflanzenreste bleiben im Fruchtfleischbehälter des Entsafters zurück. Unser Tipp: Leeren und reinigen Sie den Behälter am besten sofort.

Bei der Zubereitung von Smoothies dagegen wird das Fruchtfleisch im Mixer zu einem cremigen Getränk püriert. Um den Smoothie leichter verdaulich zu machen, können Sie ihn nach Belieben mit etwas Wasser verdünnen. Im Smoothie sind noch alle Ballaststoffe der verwendeten Früchte und Gemüse enthalten. Sie reinigen Verdauungsapparat und Darm und helfen dem Körper dabei, Abfallstoffe auszuscheiden. Trinken Sie Smoothies jedoch nicht zu schnell, sondern nippen Sie lieber langsam daran. So vermeiden Sie Bauchschmerzen.

Schon ein Saft und ein Smoothie pro Tag können wahre Wunder für Ihre Gesundheit bewirken – probieren Sie es einfach aus!

Grüne Zutaten

Vielleicht müssen Sie sich erst an die Kombination von Obst und grünem Gemüse gewöhnen und möchten gerne mehr Früchte verwenden, um die Drinks süßer zu machen. Geben Sie ruhig zusätzlich Früchte dazu, bis Ihnen Ihre Säfte und Smoothies wirklich schmecken. Die meisten Rezepte in diesem Buch beinhalten etwa 60 % Gemüse und 40 % Obst (manchmal auch etwas weniger).
Variieren Sie die grünen Gemüse für Ihre Säfte und Smoothies, denn in der Abwechslung liegt der Erfolg. Sie ist der Garant dafür, dass Ihr Organismus alle Nährstoffe bekommt, die er braucht. Außerdem kommt so garantiert keine Langeweile an der Saftbar auf.

Le Duo
magimix
HIGH
MED
LOW
PULSE
15s
30s
45s
ProBlend Touch 1390
High Performance Commercial Blender

DIE GERÄTE

Elektrischer Standmixer

Ein Standmixer ist ein sehr praktisches Küchengerät. Neben Smoothies können Sie damit auch Suppen, Saucen und andere köstliche Gerichte zubereiten. Die Anschaffung dieses Küchenhelfers lohnt sich also immer.

Kaufen Sie ein Modell mit 1000 Watt, einer hohen Umdrehungszahl und einem leistungsstarken Schneidemesser. Damit lassen sich besonders cremige Smoothies herstellen, die sich besser trinken lassen.

Billige Mixer haben eventuell nur eine kurze Lebensdauer, vor allem dann, wenn Sie das Gerät regelmäßig benutzen. Achten Sie beim Mixen darauf, dass Sie das Gerät zuerst auf eine geringe Geschwindigkeit einstellen und diese allmählich erhöhen. So werden alle Zutaten perfekt miteinander vermischt.

Die Marken Vitamix® oder Blendtec® führen bekannte Modelle, die weltweit in vielen Saft- und Smoothiebars zu finden sind. BIANCO® bietet eine breite Produktpalette, vom Standmixer für Einsteiger bis zum Profigerät. Die auf den folgenden Seiten vorgestellten Smoothies haben wir mit dem Problend 1390 der Firma Projuice® zubereitet.

Entsafter

Moderne Entsafter lassen sich wesentlich einfacher reinigen als ältere Modelle. Ein wichtiges Kriterium, denn noch immer schreckt das ehemals aufwendige Reinigen des Entsafters viele von der eigenen Saftzubereitung ab.

Der Handel bietet unterschiedliche Modelle mit einer weit gefächerten Preisspanne. Die recht günstigen Zentrifugenentsafter drehen sich mit hoher Geschwindigkeit, sodass die Säfte damit sehr schnell zubereitet sind. Saftpressen dagegen arbeiten sehr viel langsamer, der gepresste Saft jedoch oxidiert weniger schnell und bleibt im Kühlschrank länger frisch.

Bei den Zentrifugenentsaftern sind die Serien »Avance Collection« von Philips® und »Duo« von Magimix® empfehlenswert. Bei den Saftpressen ist das Modell VRT350 HD bzw. VRT352 HD von Omega® führend. Dieser Entsafter lässt sich sehr leicht reinigen, besitzt eine Schnecke mit langsamer Umdrehung und verarbeitet alle Gemüsesorten bis hin zu Weizengras. Eine Liste mit Bezugsquellen finden Sie auf Seite 160.

Basilikum

Pak Choi

Kohl

Brokkoli

GRÜNE SUPERSTARS

Grünes Gemüse besitzt viele gute Eigenschaften und steckt voller Nährstoffe. Doch selbst wenn wir uns noch so sehr bemühen, täglich viel Gemüse zu essen, reicht die Menge manchmal trotzdem nicht aus, um unseren Körper optimal mit allen Vitaminen und Mineralstoffen zu versorgen. Mit Säften oder Smoothies jedoch gelingt das spielend.

Die Zellwände von Blattgemüse bestehen im Wesentlichen aus Zellulose, das unser Körper jedoch nur schwer abbauen kann. Servieren wir unserem Organismus das Blattgemüse aber als Saft oder Smoothie, kann er die Nährstoffe viel leichter aufnehmen und verwerten.

Basilikum

Diese Gewürzpflanze ist reich an Nährstoffen, die für ein gesundes Herz-Kreislauf-System unerlässlich sind. Basilikum hemmt auf natürliche Weise Entzündungen wie auch das Wachstum von Bakterien, die Haut und Haare angreifen. Das zarte Kräutlein ist eine gute Quelle für Vitamin K, Eisen, Kalzium und Vitamin A und zudem ideal für Menschen, die an Darmentzündungen oder Arthritis leiden.

Kohl

Auch dieses Kreuzblütengewächs ist eine hervorragende Quelle für Vitamin K und C. Es gibt verschiedene Sorten in unterschiedlichen Formen, Farben und Größen bis hin zur Miniaturversion, dem Rosenkohl. Aufgrund seiner starken entzündungshemmenden Wirkung kann der Saft von Kohl dazu beitragen, Magengeschwüren vorzubeugen oder sie sogar zu heilen.

Pak Choi

Der in Deutschland auch Senfkohl genannte Pak Choi ist verwandt mit dem Chinakohl und gehört zur Familie der Kreuzblütengewächse. Dem mineralstoffreichen Gemüse wird krebsvorbeugende Wirkung nachgesagt und es zeichnet sich durch einen hohen Gehalt an Vitamin K aus. Darüber hinaus enthält Pak Choi reichlich Antioxidantien sowie Betacarotin, das die Sehkraft fördert.

Brokkoli

Brokkoli gilt als Spitzenreiter unter den Kreuzblütlern, die verschiedenen Krankheiten wie Krebs, Diabetes, Alzheimer, Herzerkrankungen oder Arthritis entgegenwirken. Dieses Blütengemüse enthält Vitamin C, K, A und B9 (Folsäure) sowie Ballaststoffe. Brokkoli dickt Smoothies gerne an, mixen Sie also bei Bedarf noch etwas Wasser unter. Verwenden Sie von diesem Gemüse die Röschen und auch die Stiele.

Grüne Paprikaschote

Staudensellerie

Grünkohl

Mangold

Löwenzahnblätter

Koriandergrün

Staudensellerie

Der schlanke Sellerie hat eine erfrischende Wirkung, die auch dazu beiträgt, die Körpertemperatur zu regulieren. Staudensellerie besitzt Mineralstoffe, die den pH-Wert im Blut positiv beeinflussen und Säuren neutralisieren. Mit Fenchel und Petersilie gehört er zur Familie der Doldenblütler und verleiht Getränken einen leicht salzigen Geschmack. Die sehr faserigen Stangen lassen sich im Mixer meist schwer verarbeiten, jedoch sehr gut zu Saft pressen.

Mangold

Von diesem Blattgemüse gibt es zahlreiche unterschiedlich gefärbte Sorten (grün, weiß, hell, mit roten oder gelben Rippen), die alle zu den grünen Gemüsen zählen. Der feste Mangold eignet sich gut zum Mixen. Aufgrund seines hohen Gehalts an Vitamin A, C und K besitzt er eine regulierende Wirkung auf den Blutzuckerspiegel. Zudem wirkt er mit seinen vielen Phytonährstoffen entzündungshemmend.

Löwenzahnblätter

Löwenzahnblätter sind reich an Vitamin A und K und bekannt für ihre reinigende Wirkung auf Blut und Leber. Am besten werden die gesunden Blätter in Säften und Smoothies mit anderen grünen Gemüsesorten oder süßem Obst kombiniert, denn sie schmecken recht bitter.

Grüne Paprikaschote

Die grüne Schote ist saftig und knackig, sie enthält viel Kieselsäure und macht einen schönen Teint. Dieses Gemüse ist zudem eine hervorragende Kaliumquelle. Daneben reguliert es den Wasserhaushalt und die Mineralstoffe im Körper – und somit den Blutdruck.

Grünkohl

Der Grünkohl ist ein weiteres Mitglied der Familie der Kreuzblütengewächse. Dem krausblättrigen Kohl wird vorbeugende Wirkung gegen Blasen-, Brust-, Darm-, Eierstock- und Prostatakrebs nachgesagt. Aufgrund seines hohen Gehalts an essenziellen Omega-3-Fettsäuren hilft er bei Arthritis und Entzündungen. Zudem enthält er pro Kalorie mehr Kalzium als Milch und ist somit sehr gut für die Knochen. Der recht harte Kohl ist manchmal etwas zäh: Mixen Sie ihn so lange, bis keine Stücke mehr vorhanden sind.

Koriandergrün

Koriander besitzt von Natur aus eine starke reinigende Wirkung, denn er enthält chemische Verbindungen, die toxische Metalle im Organismus lösen und aus dem Gewebe entfernen. Koriander ist oxidationshemmend, regt die Verdauung an und wirkt gegen Blähungen, er mildert Entzündungen und senkt den Blutzuckerspiegel sowie den LDL-Cholesterinwert im Blut. Das frische Grün duftet und schmeckt sehr intensiv.

Rucola

Römersalat

Spinat

Minze

Glatte Petersilie

Brunnenkresse

Rucola

Die eichenblattförmigen Blätter mit dem pfeffrigen, senfähnlichen Geschmack werden gerne als Salat gegessen. Rucola gehört zur Familie der Kreuzblütengewächse und somit zu den Gemüsearten, die Krebs vorbeugen sollen. Er zeichnet sich durch einen hohen Gehalt an Kalzium, Vitamin A, C und K sowie Kalium aus und ist ein natürliches Aphrodisiakum, das die Verdauung anregt und einen klaren Geist fördert.

Spinat

Das milde Blattgemüse steckt voller Vitamine und Mineralstoffe. Dazu gehören Vitamin A, C, B2, B6, B9 (Folsäure), Vitamin E, Mangan, Magnesium, Eisen, Kalzium und Kalium. Verwenden Sie Spinat allerdings nicht ständig für Ihre Säfte und Smoothies, denn er enthält Oxalsäure. Sie verbindet sich im Körper mit Metallen und kann die Nieren reizen. Spinat wirkt sich positiv auf das Verdauungssystem und aufgrund seines hohen Vitamingehalts auch auf Knochen und Haut aus. Zudem empfiehlt sich Spinat beim Abnehmen, da er gut sättigt.

Glatte Petersilie

Dieses altbekannte Küchenkraut enthält reichlich Folsäure und ist in der Lage, bestimmte krebserregende Stoffe zu neutralisieren. Petersilie fördert den Kohlenhydrat-Stoffwechsel und unterstützt so beim Abnehmen sowie bei der Entgiftung des Körpers. Das aromatische Kräutlein unterstreicht den Geschmack von Säften und Smoothies, die zum Beispiel Tomaten und Sellerie enthalten. Frisch gepflückte Petersilie hält sich mehrere Tage im Kühlschrank.

Römersalat

Dieser Blattsalat ist sehr nährstoffreich, hält Ihren Körper im Gleichgewicht und regt den natürlichen Entgiftungsprozess an. Mit seinen vielen Ballaststoffen reinigt er zudem das Verdauungssystem und stärkt Muskeln und Herz. Sie können ihn in jeden Smoothie mixen.

Minze

Schon ein Zweiglein Minze zaubert einen Hauch Frische in Ihren Drink. Aber nicht nur das: Minze trägt zur Entspannung von Körper und Geist bei, wirkt gegen Kopfschmerzen und Übelkeit sowie gegen Stress.

Brunnenkresse

Das dunkelgrüne, fleischige Blattgemüse enthält Vitamin A, Vitamin C und Betacarotin. Brunnenkresse soll darüber hinaus DNA-Schäden an den weißen Blutkörperchen verringern und wirkt sich positiv auf den Blutkreislauf aus. Mit ihrem scharf-pikanten Geschmack peppt Brunnenkresse jeden Smoothie auf.

EINFACHER DETOXPLAN

Während des aufwendigen Verdauungsprozesses verbraucht unser Körper viel Energie. Nehmen wir jedoch keine feste Nahrung auf, sind unsere Organe weniger beansprucht. Blut und unsere Energie können dann direkt zu Gehirn, Leber, Haut usw. fließen. Der Verzicht auf feste Nahrung ist also wie ein kleiner Urlaub für den Organismus. Er kann sich nun den Dingen zuwenden, die normalerweise vernachlässigt werden: der Entgiftung und der Ruhe.

Vorher

Sie haben sich für den Detoxplan entschieden? Dann machen Sie sich den Start leicht: Hören Sie schon einige Tage vorher auf, bestimmte Genuss- und Nahrungsmittel wie Koffein, Alkohol, Nikotin, raffinierten Zucker, tierische Produkte und Getreide zu essen. Auf diese Weise ist der Schritt zur Umstellung auf rohe Nahrungsmittel, Brühen, Säfte und Smoothies deutlich einfacher. Und trinken Sie viel Wasser.

Währenddessen

Trinken Sie mindestens stündlich oder alle zwei Stunden Säfte, damit Ihr Körper ständig Nährstoffe aufnimmt, und trinken Sie zusätzlich regelmäßig Wasser oder Kräutertee. Ziehen Sie sich während der Entgiftungskur warm an, denn Ihnen wird eventuell schneller kalt als normalerweise. Nehmen Sie sich die Zeit zum Ausruhen, die Ihr Körper jetzt braucht. Wenn Sie sich nach den ersten Tagen an die veränderte Nährstoffmenge gewöhnt haben, haben Sie einen sehr klaren Geist und fühlen sich leicht und euphorisch. Sie haben keinerlei Schwierigkeiten beim Einschlafen, schlafen tief und fest durch, können morgens problemlos aufstehen und sind tagsüber nicht müde. Und die neue Energie wirkt sich auch äußerlich aus: Sie sehen frisch und strahlend aus, verlieren an Gewicht und fühlen sich fit und gesund.

Danach

Beenden Sie die Entgiftungskur nicht abrupt! Essen Sie am ersten Tag danach am besten Suppen und Smoothies. Und auch an den folgenden Tagen sollten Sie weiterhin auf die Dinge verzichten, die Sie auch vor der Entgiftungskur gemieden haben. Integrieren Sie diese erst nach und nach wieder in Ihren Speiseplan. Nehmen Sie von der Entgiftungskur Abstand, wenn Sie jünger als 16 Jahre alt sind, wenn Sie schwanger sind oder stillen, wenn Sie gesundheitliche Probleme haben oder wenn Sie Medikamente benötigen. Sollten Sie auch nur den geringsten Zweifel haben, fragen Sie lieber Ihren Arzt, bevor Sie mit der Entgiftungskur beginnen.

7-TAGE-DETOXPLAN

Der Wochenplan gibt die Menge an Säften und Smoothies an, die Sie täglich zu sich nehmen sollten. Wenn Sie unsere Rezepte befolgen, trinken Sie so jeden Tag bis zu 300 ml Saft und bis zu 700 ml Smoothie (je nach Menge des zugefügten Wassers). Trinken Sie also einfach täglich die Saft- und Smoothie-Menge, die das jeweilige Rezept ergibt. Natürlich können Sie die Drinks schon morgens im Voraus für den ganzen Tag zubereiten und bis zum Verzehr im Kühlschrank aufbewahren.

1 ERSTER TAG

Frischer Sommersaft (s. S. 32–33)
Feiner Erdbeer-Smoothie (s. S. 72–73)

FRÜHSTÜCK	300 ml Frischer Sommersaft
VORMITTAG	150 ml Feiner Erdbeer-Smoothie
MITTAGESSEN	200 ml Feiner Erdbeer-Smoothie
NACHMITTAG	150 ml Feiner Erdbeer-Smoothie
ABENDESSEN	200 ml Feiner Erdbeer-Smoothie

2 ZWEITER TAG

Grüne Ballaststoffbombe (s. S. 28–29)
Stresskiller (s. S. 86–87)
+ **Ingwer-Shot** (s. S. 144–145)

FRÜHSTÜCK	300 ml Grüne Ballaststoffbombe
VORMITTAG	150 ml Stresskiller
MITTAGESSEN	200 ml Stresskiller
NACHMITTAG	150 ml Stresskiller
ABENDESSEN	200 ml Stresskiller

Genießen Sie an diesem Tag nach Wunsch noch einen Ingwer-Shot.

3 DRITTER TAG

Anregender Rucolasaft (s. S. 22–23)
Wassermelonen-Smoothie (s. S. 114–115)

FRÜHSTÜCK	300 ml Anregender Rucolasaft
VORMITTAG	150 ml Wassermelonen-Smoothie
MITTAGESSEN	200 ml Wassermelonen-Smoothie
NACHMITTAG	150 ml Wassermelonen-Smoothie
ABENDESSEN	200 ml Wassermelonen-Smoothie

4 VIERTER TAG

Löwenzahn-Tonikum (s. S. 24–25)
Goji-Mandarinen-Smoothie (s. S. 124–125)

FRÜHSTÜCK	300 ml Löwenzahn-Tonikum
VORMITTAG	150 ml Goji-Mandarinen-Smoothie
MITTAGESSEN	200 ml Goji-Mandarinen-Smoothie
NACHMITTAG	150 ml Goji-Mandarinen-Smoothie
ABENDESSEN	200 ml Goji-Mandarinen-Smoothie

5 FÜNFTER TAG

Belebender Weizengrassaft (s. S. 30–31)
Avocado-Smoothie (s. S. 92–93)
+ Milde Mandelmilch (s. S. 150–151)

FRÜHSTÜCK	300 ml Belebender Weizengrassaft
VORMITTAG	150 ml Avocado-Smoothie
MITTAGESSEN	200 ml Avocado-Smoothie
NACHMITTAG	150 ml Avocado-Smoothie
ABENDESSEN	200 ml Avocado-Smoothie

Trinken Sie nach Lust und Appetit noch eine ungesüßte Mandelmilch (also ohne Zugabe von Agavendicksaft).

6 SECHSTER TAG

Roter Schönheitstrunk (s. S. 36–37)
Vitaminbombe mit Aloe (s. S. 122–123)

FRÜHSTÜCK	300 ml Roter Schönheitstrunk
VORMITTAG	150 ml Vitaminbombe mit Aloe
MITTAGESSEN	200 ml Vitaminbombe mit Aloe
NACHMITTAG	150 ml Vitaminbombe mit Aloe
ABENDESSEN	200 ml Vitaminbombe mit Aloe

7 SIEBTER TAG

Reinigungssaft (s. S. 64–65)
Heidelbeer-Smoothie mit Chia (s. S. 134–135)

FRÜHSTÜCK	300 ml Reinigungssaft
VORMITTAG	150 ml Heidelbeer-Smoothie mit Chia
MITTAGESSEN	200 ml Heidelbeer-Smoothie mit Chia
NACHMITTAG	150 ml Heidelbeer-Smoothie mit Chia
ABENDESSEN	200 ml Heidelbeer-Smoothie mit Chia

SÄFTE

Ein Saft ist einfach und schnell zubereitet. Sie brauchen dafür nur einen Entsafter, ein scharfes Messer und ein Schneidebrett. Hat Ihr Entsafter keine integrierte Saftpresse, müssen Sie eventuell verwendete Zitrusfrüchte vor der Zubereitung noch schälen. Und achten Sie darauf, dass das Gefäß für den frisch gepressten Saft richtig unter dem Entsafter steht. Die Rezepte in diesem Kapitel ergeben jeweils 200–300 ml Saft.

ANREGENDER RUCOLASAFT

Herzhaft und scharf

ZUTATEN

250 ml Kokosnusswasser • 1 roter Apfel
1 Jalapeño-Chilischote (oder Menge nach Wunsch)
1 kleines Bund Koriandergrün • 2 Handvoll Rucola

Kokosnusswasser in ein Glas gießen. Apfel, Chilischote, Koriander und Rucola im Entsafter entsaften. Den Saft mit dem Kokosnusswasser verrühren.

Dieser Saft hat eine natürlich anregende Wirkung. Er fördert die Verdauung und verhilft zu einem klaren Geist.

E *Entgiftend* SI *Stärkt das Immunsystem* RO *Regt den Organismus an*

LÖWENZAHN-TONIKUM

Herzhaft

ZUTATEN

1 Prise Cayennepfeffer • ¼ Radicchio
1 Handvoll Löwenzahnblätter • 25 g Ingwer
1 Spritzer Zitronensaft

Den Cayennepfeffer in ein Glas streuen. Radicchio, Löwenzahnblätter und Ingwer im Entsafter entsaften. Den Saft ins Glas gießen, mit dem Zitronensaft beträufeln und leicht verrühren.

Mit seinem hohen Chlorophyllgehalt reinigt dieser Saft alle lebenswichtigen Organe. Zudem hat er eine positive Wirkung auf die Haut.

R *Reinigend* H *Harntreibend* RS *Regt den Stoffwechsel an*

STÄRKENDER ROTE-BETE-SAFT

Herzhaft

ZUTATEN

½ Zitrone • 3 Radieschen • 1 Rote-Bete-Knolle
1 grüne Paprikaschote • ½ Gurke
2 Stangen Staudensellerie • 1 EL Olivenöl

Die Zitrone mit der Saftpresse des Entsafters auspressen. Alternativ die Zitrone schälen und mit den restlichen Zutaten im Entsafter entsaften. Den Saft in ein Glas gießen, mit dem Olivenöl beträufeln und verrühren.

Dieser Saft kurbelt im Handumdrehen Ihren Stoffwechsel an. Durch seinen hohen Kaliumgehalt senkt er außerdem den Blutdruck.

SI *Stärkt das Immunsystem* RO *Regt den Organismus an* A *Alkalisierend*

GRÜNE BALLASTSTOFFBOMBE

Herzhaft

ZUTATEN

¼ Wirsing • ½ Brokkoli • 1 Handvoll Spinatblätter
1 Handvoll grüne Weintrauben • 1 roter Apfel

Wirsing, Brokkoli, Spinat, Weintrauben und Apfel im Entsafter entsaften. Den Saft in ein Glas gießen.

Dieser Saft ist prall gefüllt mit Vitamin C und Antioxidantien. Damit mobilisiert er die Abwehrkräfte und hilft bei der Abwehr von Krankheiten.

V *Verdauungsfördernd* GH *Gut für die Haut* B *Blutbildend*

BELEBENDER WEIZENGRASSAFT

Herzhaft …, aber nur ein bisschen!

ZUTATEN

2 Handvoll Weizengras
2 Handvoll Rucola
2 Orangen

Weizengras, Rucola und Orangen im Entsafter entsaften.

Tanken Sie Energie mit diesem anregenden Saft. Reichlich Vitamin A, C und K machen ihn zu einem echten Powerdrink.

RS *Regt den Stoffwechsel an* SI *Stärkt das Immunsystem* B *Blutbildend*

FRISCHER SOMMERSAFT

Herzhaft und durststillend

ZUTATEN

2 Stängel Minze • 2 Stängel Basilikum
2 Handvoll Spinatblätter • ½ Gurke • 25 g Ingwer
½ Zitrone • ½ Limette • 1 roter Apfel (nach Wunsch)

Minze, Basilikum, Spinat, Gurke, Ingwer, Zitrone und Limette im Entsafter entsaften. Ist der Saft zu sauer, nach Wunsch noch den Apfel entsaften.

So schmeckt der Sommer! Dieser köstliche, kräftig grüne Saft punktet mit besonders viel Vitamin A und K.

A *Alkalisierend* SI *Stärkt das Immunsystem* GH *Gut für die Haut*

GRÜNER PAPRIKASAFT

Herzhaft und scharf

ZUTATEN

3 Jalapeño-Chilischoten • 1 grüne Paprikaschote
½ Gurke • 2 Handvoll Rucola
1 roter Apfel

Chilischoten, Paprikaschote, Gurke, Rucola und Apfel im Entsafter entsaften.

Viel Kalzium, Vitamin C und Eisen – auch dieser Saft steckt voller gesunder Nährstoffe und stimuliert das Immunsystem.

RS *Regt den Stoffwechsel an* **EH** *Entzündungshemmend* **B** *Blutbildend*

ROTER SCHÖNHEITSTRUNK

Leicht süß

ZUTATEN

1 Granatapfel • 2 Rote-Bete-Knollen
1 Handvoll rote Weintrauben • 1 Spritzer Zitronensaft

Die Kerne aus dem Granatapfel lösen und im Entsafter entsaften. Danach Rote Bete und Weintrauben ebenfalls entsaften. Mit dem Granatapfelsaft in einem Glas mischen und mit dem Zitronensaft beträufeln.

Ein echtes Schönheitselixier! Dieser Saft enthält die Hälfte der empfohlenen Tagesmenge an Vitamin C.

F *Fettverbrennend* E *Entgiftend* RH *Reinigt die Haut*

HEILMITTELSAFT

Herzhaft

ZUTATEN

1 kleines Bund Mangold • ¼ Radicchio
6 Radieschen • 1 roter Apfel
2 Möhren • ½ Limette

Mangold, Radicchio, Radieschen, Apfel, Möhren und Limette im Entsafter entsaften.

Dieser Saft stärkt den Körper mit viel Vitamin B2 und B6. Zudem hat er eine positive Wirkung auf die Haut und das Gehirn.

SI *Stärkt das Immunsystem* OH *Oxidationshemmend* A *Alkalisierend*

ENERGIEDRINK

Erdig

ZUTATEN

1 Handvoll Spinatblätter • 1 Handvoll Grünkohl • 2 Handvoll Brunnenkresse
1 roter Apfel • 1 Orange • 25 g Ingwer
1 Rote-Bete-Knolle • 2 kleine Möhren

Spinat, Grünkohl, Brunnenkresse, Apfel, Orange, Ingwer, Rote Bete und Möhren im Entsafter entsaften.

Energie pur! Der rot schimmernde Saft steckt voller Mineralstoffe und Vitamine. Besonders reich ist er an Folsäure.

SMK *Stärkt Muskeln und Knochen* R *Reinigend* SI *Stärkt das Immunsystem*

BEERIGER ROSENKOHLSAFT

Leicht süß

ZUTATEN

1 Handvoll Rosenkohl • ½ Kopfsalat
2 Handvoll Erdbeeren • 1 Orange

Rosenkohl, Kopfsalat, Erdbeeren und Orange im Entsafter entsaften.

Dieser Saft punktet mit seinem enorm hohen Vitamin-C-Gehalt und er macht schön satt.

V *Verdauungsfördernd* EH *Entzündungshemmend* R *Reinigend*

TRINK DICH SCHLAU

Leicht süß

ZUTATEN

2 Handvoll Brunnenkresse • 2 Birnen • 2 Nektarinen • ½ Zitrone
½ Limette • 1 TL Spirulina-Pulver (Bioladen oder Internethandel)

Brunnenkresse, Birnen, Nektarinen, Zitrone und Limette im Entsafter entsaften. Das Spirulina-Pulver in ein Glas streuen und den Saft langsam unter Rühren dazugießen, bis alles gut vermischt ist.

Es muss nicht immer Studentenfutter sein, dieser Saft bringt das Gehirn mit viel Vitamin B12 auf Touren. Auch schwache Nerven schätzen diesen Mix.

RS *Regt den Stoffwechsel an* A *Alkalisierend* OH *Oxidationshemmend*

POPEYES LIEBLING

Leicht süß

ZUTATEN

2 Handvoll Spinatblätter
2 Handvoll Himbeeren • ⅓ Ananas

Spinat, Himbeeren und Ananas im Entsafter entsaften.

Prall gefüllt mit Vitaminen und Mineralstoffen lässt dieser Saft vor allem Ihren Eisenspiegel blitzschnell in die Höhe schießen.

RS *Regt den Stoffwechsel an* GH *Gut für die Haut* V *Verdauungsfördernd*

FATBURNER

Herzhaft

ZUTATEN

1 Handvoll Grünkohl • ½ Zitrone
50 g Ingwer • 3 Möhren

Grünkohl, Zitrone, Ingwer und Möhren im Entsafter entsaften.

Dieser anregende und ballaststoffreiche Saft kurbelt den Blutkreislauf an und bekämpft zugleich wirksam Infektionen.

RS *Regt den Stoffwechsel an* SMK *Stärkt Muskeln und Knochen*
SI *Stärkt das Immunsystem*

SANFTER VERDAUUNGSTRUNK

Erdig

ZUTATEN

2 Handvoll Grünkohl • 1 Birne
2 Papayas • 2 Stängel Minze • 1 Limette

Grünkohl, Birne, Papayas, Minze und Limette im Entsafter entsaften.

In diesem Saft steckt viel Vitamin C. Er wirkt beruhigend und wohltuend auf den ganzen Körper.

B *Blutbildend* V *Verdauungsfördernd* EH *Entzündungshemmend*

TOMATEN-FENCHEL-SAFT

Herzhaft

ZUTATEN

2 Tomaten • 1 roter Apfel
1 kleines Bund glatte Petersilie
1 Fenchelknolle • ½ Gurke

Tomaten, Apfel, Petersilie, Fenchel und Gurke im Entsafter entsaften.

Der aromatische Mix punktet mit einem hohen Gehalt an Lycopin. Dieser pflanzliche Wirkstoff fördert die Gesundheit des Herzens.

GH *Gut für die Haut* E *Entgiftend* SI *Stärkt das Immunsystem*

BEERENPOWER IM GLAS

Süß

ZUTATEN

2 Handvoll Schwarze Johannisbeeren • 2 Handvoll Heidelbeeren
2 Stängel Basilikum • 2 Rote-Bete-Knollen

Johannisbeeren, Heidelbeeren, Basilikum und Rote Bete
im Entsafter entsaften.

Dunkelrot und voller Beerenkraft. Mit seinen vielen Antioxidantien fördert dieser Saft besonders die Blutbildung.

B *Blutbildend* EH *Entzündungshemmend* V *Verdauungsfördernd*

HIMBEER-MINZE-SAFT

Süß

ZUTATEN

2 Handvoll Spinatblätter • 2 Handvoll Himbeeren
1 Pfirsich • 2 Stängel Minze
½ Limette

Spinat, Himbeeren, Pfirsich, Minze und Limette im Entsafter entsaften.

Wohlschmeckend und wohltuend zugleich. Mit reichlich Vitamin C und vielen Antioxidantien stärkt dieser Saft Gesundheit und Wohlbefinden.

RO *Regt den Organismus an* **R** *Reinigend* **V** *Verdauungsfördernd*

ERDBEERSAFT

Leicht süß

ZUTATEN

4 Handvoll Erdbeeren
2 Tomaten
½ Wirsing

Erdbeeren, Tomaten und Wirsing im Entsafter entsaften.

Mit vielen Vitaminen stärkt dieser erdbeersüße Saft
das Herz-Kreislauf-System.

F *Fettverbrennend* B *Blutbildend* SI *Stärkt das Immunsystem*

DETOX-DRINK

Leicht süß

ZUTATEN

¼ Galiamelone • 1 roter Apfel
2 Stangen Staudensellerie
¼ Spitzkohl oder Wirsing

Melone, Apfel, Staudensellerie und Kohl im Entsafter entsaften.

Dieser zartgrüne Saft enthält sehr viel Vitamin C und Vitamin K.
Ein wunderbarer Drink, um die Leber zu entgiften.

GH *Gut für die Haut* **SMK** *Stärkt Muskeln und Knochen* **RO** *Regt den Organismus an*

FEINER MÖHRENSAFT

Leicht süß

ZUTATEN

4 Möhren
1 roter Apfel
1 Süßkartoffel

Möhren, Apfel und Süßkartoffel im Entsafter entsaften.

Mit seinem hohen Gehalt an Betacarotin und Vitamin A verleiht dieser Saft Ihren Organen und Ihrer Haut neuen Schwung.

SI *Stärkt das Immunsystem* RG *Regt das Gehirn an* GH *Gut für die Haut*

REINIGUNGSSAFT

Herzhaft

ZUTATEN

¼ Cantaloupe-Melone • 1 Kiwi • ½ kleiner Brokkoli
1 kleines Bund Löwenzahnblätter • 1 kleines Bund glatte Petersilie
1 Handvoll Grünkohl • 1 Stange Staudensellerie

Melone, Kiwi, Brokkoli, Löwenzahnblätter, Petersilie, Grünkohl und Staudensellerie im Entsafter entsaften.

Dieser Saft enthält enorm viel Kalium und Kalzium. Damit gehört er zu den wertvollsten Säften überhaupt.

GH *Gut für die Haut* V *Verdauungsfördernd* RO *Regt den Organismus an*

FENCHELSAFT MIT APFEL

Erdig

ZUTATEN

1 Fenchelknolle
¼ Rotkohl
4 rote Äpfel

Fenchel, Rotkohl und Äpfel im Entsafter entsaften.

Dieser Drink bringt farbenfrohe Abwechslung ins Glas und wirkt mit seinem hohen Vitamin-C-Gehalt gleich noch entzündungshemmend.

E *Entgiftend* B *Blutbildend* V *Verdauungsfördernd*

LILA-LAUNE-SAFT

Süß

ZUTATEN

2 Orangen
1 Rote-Bete-Knolle
25 g Ingwer

Orangen, Rote Bete und Ingwer im Entsafter entsaften.

Der macht Laune! Trinken Sie diesen fruchtigen Saft am besten vor dem Sport. So gestärkt nehmen Ihre Blutzellen besonders viel Sauerstoff auf.

RS *Regt den Stoffwechsel an* RO *Regt den Organismus an* B *Blutbildend*

SMOOTHIES

Smoothies sind im Nu gemixt – und sehr praktisch: Sie können sie gleich in größerer Menge zubereiten und einige Tage im Kühlschrank aufbewahren. Fast alle Rezepte ergeben unter Zugabe von 100 ml Wasser 500 ml Smoothie. Aber natürlich können Sie Wasser zugeben, bis Ihre Lieblingskonsistenz erreicht ist. Obst sollte bei Bedarf vor dem Pürieren geschält und gegebenenfalls entsteint bzw. entkernt werden. In einigen Rezepten werden Zitrusfrüchte zuerst ausgepresst und dann nur ihr Saft verwendet. Er macht den Smoothie schön cremig.

FEINER ERDBEER-SMOOTHIE

Süß

ZUTATEN

2 Pak Choi • 2 Handvoll Erdbeeren
1 Handvoll rote Weintrauben • 1 Banane

Pak Choi und Früchte im Mixer cremig pürieren. Bei Bedarf noch etwas Wasser untermixen, bis die gewünschte Konsistenz erreicht ist.

Dieser Smoothie ist prall gefüllt mit Vitamin K. Damit fördert er die Gesundheit der Knochen und beugt Enzündungen vor.

OH *Oxidationshemmend* F *Fettverbrennend* V *Verdauungsfördernd*

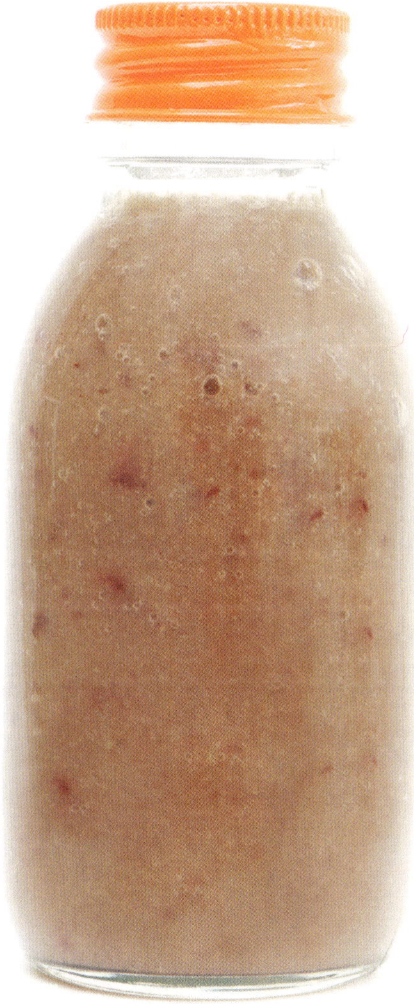

SPINAT-BEEREN-SMOOTHIE

Süß

ZUTATEN

2 Handvoll Spinatblätter
1 Handvoll Heidelbeeren • 1 Handvoll Himbeeren
2 Orangen

Spinat, Beeren und Orangen im Mixer cremig pürieren. Bei Bedarf noch etwas Wasser untermixen, bis die gewünschte Konsistenz erreicht ist.

Mit seinem hohen Vitamin- und Eisengehalt ist dieser Smoothie ein wertvolles Mittelchen gegen Blasenentzündungen und Harnwegsinfektionen.

B *Blutbildend* GH *Gut für die Haut* R *Reinigend*

STÄRKENDER BANANEN-SMOOTHIE

Leicht süß

ZUTATEN

1 Römersalatherz
1 Handvoll Minzeblätter
1 Banane

Salat, Minze und Banane im Mixer cremig pürieren. Bei Bedarf noch etwas Wasser untermixen, bis die gewünschte Konsistenz erreicht ist.

Dieser Mix liefert reichlich Vitamin B6, Vitamin C und Kalium. Zudem verhilft er Ihnen zu innerer Ruhe, Ausgeglichenheit und Gelassenheit.

H *Harntreibend* B *Blutbildend* EH *Entzündungshemmend*

SMOOTHIE TROPICAL

Süß

ZUTATEN

½ Wirsing • 2 Mangos • ⅓ Ananas
25 g Ingwer • 1 TL flüssiger Honig

Wirsing, Mangos, Ananas und Ingwer im Mixer cremig pürieren. Bei Bedarf noch etwas Wasser untermixen, bis die gewünschte Konsistenz erreicht ist. In ein Glas gießen und den Honig einrühren.

Dieser fruchtig süße Smoothie punktet mit sehr viel Vitamin C und K.
Ihre Verdauung wird es Ihnen danken!

RS *Regt den Stoffwechsel an* V *Verdauungsfördernd* GH *Gut für die Haut*

KOKOS DELIGHT

Süß

ZUTATEN

2 EL frisch geriebenes Kokosnussfleisch
⅓ Ananas • 1 Banane • 2 Handvoll Grünkohl
250 ml Kokosnusswasser

Kokosnussfleisch, Früchte, Grünkohl und Kokosnusswasser im Mixer pürieren. Bei Bedarf noch Wasser untermixen, bis die gewünschte Konsistenz erreicht ist.

Viel Aroma und jede Menge Vitamin A, C und K – damit wirkt dieser zartgrüne, aromatische Drink antibakteriell.

SI *Stärkt das Immunsystem* F *Fettverbrennend* SMK *Stärkt Muskeln und Knochen*

BIRNEN-SMOOTHIE MIT PAK CHOI

Leicht süß

ZUTATEN

1 Pak Choi • 1 Handvoll Grünkohl
1 Handvoll Erdbeeren • 2 Birnen
1 Spritzer Limettensaft

Pak Choi, Grünkohl, Erdbeeren, Birnen und Limettensaft im Mixer cremig pürieren. Bei Bedarf noch etwas Wasser untermixen, bis die gewünschte Konsistenz erreicht ist.

Dieser Mix punktet mit besonders vielen Antioxidantien
und ist besonders wohltuend für die Augen.

V *Verdauungsfördernd* SI *Stärkt das Immunsystem* B *Blutbildend*

MAGENFREUND

Leicht süß

ZUTATEN

1 Römersalatherz • 1 Pak Choi
1 kleine Handvoll grüne Weintrauben • 1 Handvoll Heidelbeeren
5 Aprikosen • 1 Banane

Römersalat, Pak Choi, Weintrauben, Heidelbeeren, Aprikosen und Banane im Mixer cremig pürieren. Bei Bedarf noch etwas Wasser untermixen, bis die gewünschte Konsistenz erreicht ist.

Reichlich Ballaststoffe und ein hoher Gehalt an Vitamin C und K – dieser Smoothie vollbringt wahre Wunder im Verdauungssystem.

R *Reinigend* B *Blutbildend* E *Entgiftend*

STRESSKILLER

Leicht süß

ZUTATEN

2 Stängel Minze • ½ Zitrone
1 Orange • 2 Handvoll Grünkohl

Minze, Zitrone, Orange und Grünkohl im Mixer cremig pürieren. Bei Bedarf noch etwas Wasser untermixen, bis die gewünschte Konsistenz erreicht ist.

Dieser Smoothie wirkt alkalisierend und ist mit seinem hohen Gehalt an Vitamin A, C und K ein echter Stresskiller.

EH *Entzündungshemmend* B *Blutbildend* H *Harntreibend*

HEIDELBEER-GRÜNKOHL-SMOOTHIE

Leicht süß

ZUTATEN

2 Handvoll Heidelbeeren • 2 Handvoll Grünkohl
2 Birnen • Saft von ½ Zitrone

Beeren, Grünkohl, Birnen und Zitronensaft im Mixer cremig pürieren.
Bei Bedarf noch Wasser untermixen, bis die gewünschte Konsistenz erreicht ist.

In diesem Drink steckt jede Menge Vitamin A, C und K.
Davon profitiert besonders die Blutbildung.

EH *Entzündungshemmend* SMK *Stärkt Muskeln und Knochen* V *Verdauungsfördernd*

ZAUBERTRANK

Leicht süß

ZUTATEN

2 Handvoll Spinatblätter • 2 Pfirsiche
¼–½ Handvoll Minzeblätter
1 EL flüssiger Honig

Spinat, Pfirsiche und Minze im Mixer cremig pürieren. Bei Bedarf noch etwas Wasser untermixen, bis die gewünschte Konsistenz erreicht ist. In ein Glas gießen und den Honig einrühren.

Damit laufen Sie zur Bestform auf: Der Smoothie liefert eine ordentliche Portion Vitamin A, Vitamin C und Kalium – und macht obendrein schön satt.

RO *Regt den Organismus an* B *Blutbildend* SMK *Stärkt Muskeln und Knochen*

AVOCADO-SMOOTHIE

Leicht herzhaft

ZUTATEN

1 Avocado
1 kleine Handvoll glatte Petersilienblätter
2 Stängel Dill • ½ Bio-Gurke • Saft von ½ Zitrone

Avocado, Petersilie, Dill, Gurke und Zitronensaft im Mixer pürieren.
Bei Bedarf etwas Wasser untermixen, bis die gewünschte Konsistenz erreicht ist.

Dieser cremige Smoothie enthält viel Chlorophyll. Perfekt, um alle lebenswichtigen Organe zu reinigen.

B *Blutbildend* EH *Entzündungshemmend* R *Reinigend*

ITALIAN LOVER

Herzhaft

ZUTATEN

2 Tomaten • 2 Stängel Basilikum
2 Stangen Staudensellerie • 2 Handvoll Spinatblätter
1 Spritzer Zitronensaft

Tomaten, Basilikum, Sellerie, Spinat und Zitronensaft im Mixer cremig pürieren. Bei Bedarf noch etwas Wasser untermixen, bis die gewünschte Konsistenz erreicht ist.

Lassen Sie sich ruhig von diesem Smoothie verwöhnen. Er tut Ihnen mit seinen Antioxidantien gut, die das Krebsrisiko mindern können.

GH *Gut für die Haut* R *Reinigend* RO *Regt den Organismus an*

WÜRZIGER KORIANDER-SMOOTHIE

Herzhaft

ZUTATEN

1 Handvoll Korianderblätter • 1 roter Apfel • 1 Pak Choi
2 Stangen Staudensellerie • 25 g Ingwer • 1 Spritzer Zitronensaft
1 Prise Kurkuma • 1 Prise Cayennepfeffer

Koriander, Apfel, Pak Choi, Staudensellerie, Ingwer, Zitronensaft und Gewürze im Mixer cremig pürieren. Bei Bedarf noch etwas Wasser untermixen, bis die gewünschte Konsistenz erreicht ist.

In dieser Vitalstoffbombe steckt jede Menge Eisen. Zudem bringt der zartgrüne Drink Ihre Verdauung in Schwung.

RS *Regt den Stoffwechsel an* B *Blutbildend* SI *Stärkt das Immunsystem*

ORANGEN-SMOOTHIE MIT CHILI

Herzhaft und scharf

ZUTATEN

1 Handvoll Grünkohl
2 Orangen • 3 Scheiben eingelegte Jalapeño-Chilischote
1 Knoblauchzehe • 25 g Ingwer • 1 kleine Handvoll Korianderblätter

---

Grünkohl, Orangen, Chili, Knoblauch, Ingwer und Koriander im Mixer cremig pürieren. Bei Bedarf noch etwas Wasser untermixen, bis die gewünschte Konsistenz erreicht ist.

Der hat es in sich! Dieser Smoothie ist reich an Vitamin A, C sowie K und tut mit seiner Schärfe dem ganzen Organismus gut.

EH *Entzündungshemmend* B *Blutbildend* A *Alkalisierend*

LEICHTER FENCHEL-SMOOTHIE

Herzhaft

ZUTATEN

2 Handvoll Grünkohl • 1 Fenchelknolle • ½ Bio-Gurke
2 Stängel Oregano • 2 Stängel Basilikum
½ Avocado • 1 Tomate • 1 Spritzer Limettensaft

Grünkohl, Fenchel, Gurke, Kräuter, Avocado, Tomate und Limettensaft im Mixer cremig pürieren. Bei Bedarf noch etwas Wasser untermixen, bis die gewünschte Konsistenz erreicht ist.

Tun Sie Ihrer Haut etwas Gutes und trinken Sie diesen Smoothie!
Er steckt voller Vitamin C und Ballaststoffe.

E *Entgiftend* B *Blutbildend* V *Verdauungsfördernd*

MORGENKUSS

Herzhaft

ZUTATEN

1 EL Weizenkeime • 1 EL Leinsamen
2 Handvoll Brunnenkresse • Saft von 1 Zitrone
Honig (nach Wunsch)

Weizenkeime, Leinsamen, Brunnenkresse und Zitronensaft im Mixer cremig pürieren. Bei Bedarf noch etwas Wasser untermixen, bis die gewünschte Konsistenz erreicht ist. Den Smoothie nach Wunsch mit Honig süßen.

Morgenmuffel aufgepasst: Dieser Drink bringt Sie sofort in Schwung und belebt jede Körperzelle. Er ist reich an Vitamin A, Vitamin K und Kalzium.

RO *Regt den Organismus an* B *Blutbildend* F *Fettverbrennend*

FRUCHTBECHER

Leicht süß

ZUTATEN

1 Banane • 1 großes Bund Koriandergrün
2 Handvoll Erdbeeren • 250 ml Kokosmilch (Dose oder Packung)

Banane, Koriander, Beeren und Kokosmilch im Mixer cremig pürieren. Bei Bedarf noch Wasser untermixen, bis die gewünschte Konsistenz erreicht ist.

Dieser fruchtig süße Smoothie enthält viele Ballaststoffe und hilft bei der Senkung des Cholesterinspiegels.

E *Entgiftend* F *Fettverbrennend* RO *Regt den Organismus an*

FEIGEN-SMOOTHIE MIT VANILLE

Leicht süß

ZUTATEN

4 kleine oder 2 große Feigen • 2 Pfirsiche
2 Handvoll Spinatblätter • 1 Prise gemahlener Zimt
Mark von ¼ Vanilleschote oder 2 Tropfen Vanilleextrakt

Feigen, Pfirsiche, Spinat, Zimt und Vanille im Mixer cremig pürieren. Bei Bedarf noch Wasser untermixen, bis die gewünschte Konsistenz erreicht ist.

Mit seinem Kalium und seinen Ballaststoffen ist dieser beruhigende Smoothie ideal für Menschen, die ängstlich und ruhelos sind.

B *Blutbildend* SMK *Stärkt Muskeln und Knochen* RO *Regt den Organismus an*

CREMIGER ANANAS-DRINK

Leicht süß

ZUTATEN

1 Banane • ⅓ Ananas
2 Stängel Minze • 1 kleine Handvoll Korianderblätter

Banane, Ananas und Kräuter im Mixer cremig pürieren. Bei Bedarf noch etwas Wasser untermixen, bis die gewünschte Konsistenz erreicht ist.

Dieser cremige Smoothie ist eine phantastische Vitamin-C-Quelle – und er bringt neuen Schwung in die Verdauung.

V *Verdauungsfördernd* EH *Entzündungshemmend* E *Entgiftend*

ZITRONENTRAUM

Süßsauer

ZUTATEN

2 Handvoll Spinatblätter • 2 Nektarinen
25 g Ingwer • 1 EL flüssiger Honig
1 Bio-Zitrone mit Schale

Spinat, Nektarinen, Ingwer, Honig und Zitrone im Mixer pürieren. Bei Bedarf noch etwas Wasser untermixen, bis die gewünschte Konsistenz erreicht ist.

Zitronenfans werden diesen Smoothie lieben. Er enthält viele Vitamine sowie Eisen und hilft, Allergien vorzubeugen.

H *Harntreibend* A *Alkalisierend* EH *Entzündungshemmend*

MANGO-SMOOTHIE MIT CHIA

Leicht süß

ZUTATEN

2 Handvoll Grünkohl • 3 große Mangos
1 TL Chia-Samen (Bioladen)

Grünkohl, Mangos und Chia im Mixer cremig pürieren. Bei Bedarf noch etwas Wasser untermixen, bis die gewünschte Konsistenz erreicht ist. Die Chia-Samen machen den Smoothie dickflüssig.

Dieser Smoothie ist ein wahrer Vitamin-Cocktail:
Er enthält Vitamin A, C und K.

RO *Regt den Organismus an* B *Blutbildend* A *Alkalisierend*

WASSERMELONEN-SMOOTHIE

Leicht süß

ZUTATEN

¾ kleine oder ¼ große Wassermelone • 1 Römersalatherz
1 Banane • 1 Spritzer Zitronensaft

Melone, Salat und Banane im Mixer cremig pürieren. Bei Bedarf noch etwas Wasser untermixen, bis die gewünschte Konsistenz erreicht ist. Den Smoothie in ein Glas gießen und den Zitronensaft einrühren.

Mit viel Frucht und viel Lycopin-Gehalt. Der leckere Smoothie ist ideal, um Blase und Nieren zu reinigen.

OH *Oxidationshemmend* **SI** *Stärkt das Immunsystem* **H** *Harntreibend*

PAPAYA-SPINAT-COCKTAIL

Leicht süß

ZUTATEN

1 Orange • 2 reife Papayas
2 Handvoll Spinatblätter • 1 Banane

Die Orange auspressen. Papayas, Spinat und Banane im Mixer cremig pürieren. Den Orangensaft dazugießen und bei Bedarf noch etwas Wasser untermixen, bis die gewünschte Konsistenz erreicht ist.

Dieser fruchtig frische Smoothie enthält viel Vitamin C sowie Eisen und kann somit vorbeugend gegen Krebserkrankungen wirken.

SI *Stärkt das Immunsystem* GH *Gut für die Haut* R *Reinigend*

CANTALOUPE COOLER

Leicht süß

ZUTATEN

1 Römersalatherz
1 Cantaloupe-Melone
2 Stängel Minze

Salat, Melone und Minze im Mixer cremig pürieren. Bei Bedarf noch etwas Wasser untermixen, bis die gewünschte Konsistenz erreicht ist.

Cool down! Dieser Smoothie mit viel Vitamin A und K wirkt stark reinigend und beruhigend bei Angstzuständen und innerer Ruhelosigkeit.

B *Blutbildend* EH *Entzündungshemmend* H *Harntreibend*

JOHANNISBEER-SMOOTHIE

Süß

ZUTATEN

1 Handvoll Schwarze Johannisbeeren
1 Kopfsalat • 1 Mango
1 Orange

Johannisbeeren, Salat, Mango und Orange im Mixer cremig pürieren. Bei Bedarf noch Wasser untermixen, bis die gewünschte Konsistenz erreicht ist.

Der violette Smoothie steckt voller Vitamin A, Vitamin B6 und Kalium.
Er unterstützt auch die Heilung von Harnwegsinfektionen.

SI *Stärkt das Immunsystem* RO *Regt den Organismus an* RG *Regt das Gehirn an*

VITAMINBOMBE MIT ALOE

Leicht süß

ZUTATEN

1 Kiwi • 1 Orange • 1 roter Blattsalat (roter Eichblatt oder Lollo rosso)
1 EL Aloe-vera-Saft (Reformhaus oder Bioladen)
1 kleine Handvoll rote Weintrauben

Kiwi, Orange, Salat, Aloe-vera-Saft und Weintrauben im Mixer pürieren. Bei Bedarf noch Wasser untermixen, bis die gewünschte Konsistenz erreicht ist.

Dieser Smoothie ist reich an Vitamin C und stärkt zusätzlich den Blutkreislauf.

GH *Gut für die Haut* E *Entgiftend* V *Verdauungsfördernd*

GOJI-MANDARINEN-SMOOTHIE

Leicht süß

ZUTATEN

2 TL getrocknete Goji-Beeren (Reformhaus oder Bioladen)
1 Mango • 1 Mandarine
2 Stangen Staudensellerie • 1 Kopfsalat

Beeren, Früchte, Sellerie und Salat im Mixer cremig pürieren. Bei Bedarf noch etwas Wasser untermixen, bis die gewünschte Konsistenz erreicht ist.

Der Smoothie bringt jede Menge Vitamin C und Betacarotin ins Glas. Damit wirkt er entzündungshemmend und ist wohltuend für die Haut.

RG *Regt das Gehirn an* EH *Entzündungshemmend* GH *Gut für die Haut*

SMOOTHIE ORIENTAL

Leicht süß

ZUTATEN

1 Römersalatherz • 4 Datteln
2 rote Äpfel • 1 Orange • 1 Prise gemahlener Zimt

Salat, Datteln, Äpfel, Orange und Zimt im Mixer pürieren. Bei Bedarf noch etwas Wasser untermixen, bis die gewünschte Konsistenz erreicht ist.

Nehmen Sie die Aromen des Orients und zugleich viel Vitamin A, K und C auf.
Dieser Smoothie hilft dabei, den Cholesterinspiegel zu senken.

B *Blutbildend* F *Fettverbrennend* V *Verdauungsfördernd*

GÄRTNERS LIEBLING

Herzhaft

ZUTATEN

½ Bio-Gurke • 1 Stange Lauch
½ Avocado • 5 Radieschen • 1 Knoblauchzehe
½ Zitrone • einige Scheiben Jalapeño-Chilischote (nach Wunsch)

Gemüse, Avocado, Radieschen, Knoblauch und Zitrone im Mixer pürieren. Für einen pikanten Smoothie nach Wunsch die Chili zugeben. Bei Bedarf noch Wasser untermixen, bis die gewünschte Konsistenz erreicht ist.

Fast alle Zutaten wachsen im eigenen Garten. Der Smoothie enthält viel Kaempferol und Folsäure, reinigt den Körper und leitet Giftstoffe aus.

GH *Gut für die Haut* V *Verdauungsfördernd* RO *Regt den Organismus an*

BRUNNENKRESSE-KICK

Leicht süß

ZUTATEN

2 Handvoll Brunnenkresse • 1 Avocado
½ Limette • 1 Orange

Brunnenkresse, Avocado, Limette und Orange im Mixer pürieren. Bei Bedarf noch etwas Wasser untermixen, bis die gewünschte Konsistenz erreicht ist.

Der Smoothie punktet mit viel Vitamin A, C und K.
Besonders bei beginnenden Kopfschmerzen ist er sehr wohltuend.

B *Blutbildend* GH *Gut für die Haut* A *Alkalisierend*

BEAUTY-SMOOTHIE

Leicht süß

ZUTATEN

½ Bund grüner Spargel • 2 Orangen • ½ Avocado
1 Spritzer Zitronensaft • 1 Stängel Basilikum

Spargel, Orangen, Avocado, Zitronensaft und Basilikum im Mixer pürieren. Bei Bedarf noch Wasser untermixen, bis die gewünschte Konsistenz erreicht ist.

In diesem zartgrünen Smoothie stecken reichlich Nähr- und Ballaststoffe. Damit unterstützt er Ihre Schönheit von innen heraus.

RO *Regt den Organismus an* B *Blutbildend* GH *Gut für die Haut*

HEIDELBEER-SMOOTHIE MIT CHIA

Leicht süß

ZUTATEN

2 Handvoll Heidelbeeren • 1 EL Chia-Samen (Bioladen)
½ Brokkoli • 1 Orange

Beeren, Chia, Brokkoli und Orange im Mixer cremig pürieren. Bei Bedarf noch etwas Wasser untermixen, bis die gewünschte Konsistenz erreicht ist.

Dieser lilafarbene Smoothie ist ein Tausendsassa: Er regt auf natürliche Weise an, fördert die Verdauung und verhilft zu einem klaren Geist.

EH *Entzündungshemmend* GH *Gut für die Haut* RS *Regt den Stoffwechsel an*

SHOTS & PFLANZENMILCH

Das Beste kommt zum Schluss: Unsere Shots liefern Ihnen schnell hoch konzentrierte Nährstoffe zum Trinken. Diese können Sie pur genießen oder als Energiekick in einen Saft oder Smoothie rühren. Besonders hochwertig sind unsere Pflanzenmilch-Drinks mit Ölsamen und Nüssen. Auch sie schmecken in Saft und Smoothie oder solo. Nüsse enthalten viele Proteine, Mineralstoffe und einfach ungesättigte Fettsäuren, die das Herz gesund erhalten. Einige Nusssorten sollten Sie vor dem Pürieren in Wasser einweichen, das macht die Milch aromatischer. Alle unsere Pflanzenmilch-Drinks können Sie bis zu drei Tage im Kühlschrank aufbewahren.

ALOE-SHOT

Leicht süß

ZUTATEN

1 TL Aloe-vera-Saft (Reformhaus oder Bioladen)
1 grüner Apfel

Den Aloe-vera-Saft in ein Glas füllen. Den Apfel im Entsafter entsaften. Den Apfelsaft ebenfalls ins Glas gießen und verrühren.

Dieser schnell zubereitete Shot hilft dabei, den Cholesterinspiegel und den Blutzuckerspiegel zu senken.

B *Blutbildend* V *Verdauungsfördernd*

GRÜNER WICHT

Herzhaft

ZUTATEN

1 TL Spirulina-Pulver (Bioladen oder Internethandel)
1 grüner Apfel • 1 Spritzer Zitronensaft

Das Spirulina-Pulver in ein Glas geben. Den Apfel im Entsafter entsaften. Den Apfel- und den Zitronensaft ins Glas gießen und alles gut verrühren.

Dieser Shot mit Apfel und Spirulina ist ein echter Vitamin- und Mineralstoff-Cocktail.

RO *Regt den Organismus an* R *Reinigend*

GRIPPE-STOPP

Herzhaft

ZUTATEN

1 TL Agavendicksaft • 1 Prise Cayennepfeffer
¼ Knoblauchzehe • 12 g Ingwer
½ Orange • ½ Zitrone

Den Agavendicksaft in ein Glas füllen und mit Cayennepfeffer bestreuen. Knoblauch, Ingwer, Orange und Zitrone im Entsafter entsaften. Den Saft ins Glas gießen und verrühren.

Nur für Hartgesottene! Der pikante Shot bringt Ihren Blutkreislauf in Schwung und wappnet Ihr Immunsystem gegen jede Grippe.

SI *Stärkt das Immunsystem* RO *Regt den Organismus an*

INGWER-SHOT

Herzhaft

ZUTATEN

1 TL Agavendicksaft
50 g Ingwer • ½ Zitrone

Den Agavendicksaft in ein Glas füllen. Ingwer und Zitrone im Entsafter entsaften. Den Saft ins Glas gießen und alles gut verrühren.

Das zitronengelbe Schlückchen wirkt sehr wohltuend auf das Atmungssystem und das Herz.

V *Verdauungsfördernd* B *Blutbildend*

PARANUSSMILCH

Leicht süß

ZUTATEN

150 g Paranüsse • 2 EL Kokosöl
2 EL Agavendicksaft • 1 Prise Meersalz
Mark von 1 Vanilleschote oder 1 TL Vanilleextrakt

Die Paranüsse 6 Stunden in Wasser einweichen. Dadurch werden die Nüsse besonders aromatisch. Die Nüsse danach wieder trocknen lassen.

Paranüsse, Kokosöl, Agavendicksaft, Salz und Vanille mit 600 ml Wasser im Mixer mindestens 1 Minute glatt pürieren. Die Nussmilch danach durch ein Sieb streichen oder durch ein Mulltuch abgießen und dabei mit einer Kelle oder einem Löffel gut ausdrücken.

Zugegeben, diese besondere Pflanzenmilch macht etwas Arbeit. Dafür belohnt sie mit vielen Ballaststoffen, Selen und Vitamin E.

B *Blutbildend* SI *Stärkt das Immunsystem* RO *Regt den Organismus an*

PINIENKERNMILCH

Reichhaltig und süß

ZUTATEN

75 g Pinienkerne
2 EL flüssiger Honig

Pinienkerne, Honig und 250 ml Wasser im Mixer mindestens 1 Minute glatt pürieren. Die Pinienkernmilch danach durch ein feines Sieb streichen oder durch ein Mulltuch abgießen und dabei mit einer Kelle oder einem Löffel gut ausdrücken.

Diese köstliche Pflanzenmilch enthält konzentriertes Vitamin A.
Sie wirkt sehr wohltuend auf das Herz.

SI *Stärkt das Immunsystem* F *Fettverbrennend*

MILDE MANDELMILCH

Leicht süß

ZUTATEN

150 g Mandeln • 2 EL Kokosöl
2 EL Agavendicksaft • 1 Prise Salz
Mark von 1 Vanilleschote oder 1 TL Vanilleextrakt

Die Mandeln 6–8 Stunden in Wasser einweichen. Dadurch werden sie besonders aromatisch. Die Mandeln danach abtropfen lassen.

Mandeln, Kokosöl, Agavendicksaft, Salz und Vanille mit 600 ml Wasser im Mixer mindestens 1 Minute glatt pürieren. Die Mandelmilch dann durch ein feines Sieb streichen oder durch ein Mulltuch abgießen und dabei mit einer Kelle oder einem Löffel gut ausdrücken.

Diese feine Pflanzenmilch ist ideal, um einen erhöhten Cholesterinspiegel zu senken.

SMK *Stärkt Muskeln und Knochen* OH *Oxidationshemmend*

KÜRBISKERNMILCH

Leicht süß

ZUTATEN

125 g Kürbiskerne • 2 Datteln
2 EL flüssiger Honig
1 Prise Salz

Kürbiskerne, Datteln, Honig und Salz mit 500 ml Wasser im Mixer mindestens 1 Minute glatt pürieren. Die Kürbiskernmilch dann durch ein feines Sieb streichen oder durch ein Mulltuch abgießen und dabei mit einer Kelle oder einem Löffel gut ausdrücken.

Der hohe Zinkgehalt dieser Pflanzenmilch lässt Sie gut schlafen. Zudem wirkt sich das Zink positiv auf Ihre Stimmung aus.

A *Alkalisierend* EH *Entzündungshemmend*

CASHEW-TRINKSCHOKOLADE

Leicht süß

ZUTATEN

100 g Cashewnüsse • 2 EL Agavendicksaft (oder mehr nach Wunsch)
30 g Kakaopulver • 1 EL Kokosöl • ½ TL Salz
Mark von 1 Vanilleschote oder 1 TL Vanilleextrakt

Cashewnüsse, Agavendicksaft, Kakao, Kokosöl, Salz und Vanille mit 600 ml Wasser im Mixer glatt pürieren. Für mehr Süße nach Wunsch noch etwas Agavendicksaft untermixen. Die Trinkschokolade vor dem Servieren kühlen.

Schokoglück im Glas. Die schnell gemixte Trinkschokolade steckt voller Proteine – und Sie sind im Nu noch besser gelaunt.

SI *Stärkt das Immunsystem* EH *Entzündungshemmend* B *Blutbildend*

PEKANNUSSMILCH

Leicht süß

ZUTATEN

120 g ungesalzene Pekannüsse, geröstet • 2 EL Agavendicksaft
3 Datteln • 1 EL Kokosöl • 1½ TL gemahlener Zimt
Mark von ½ Vanilleschote oder ½ TL Vanilleextrakt

Die Pekannüsse 6–8 Stunden, besser über Nacht, in Wasser einweichen. Dadurch werden sie besonders aromatisch. Die Nüsse danach abtropfen lassen.

Nüsse, Agavendicksaft, Datteln, Kokosöl, Zimt und Vanille mit 360 ml Wasser im Mixer mindestens 1 Minute glatt pürieren. Vor dem Servieren kühlen.

Gönnen Sie sich diese feine Pflanzenmilch ruhig öfter. Sie enthält mehr als 20 Vitamine und lebenswichtige Mineralstoffe.

B *Blutbildend* V *Verdauungsfördernd* RG *Regt das Gehirn an*

REGISTER

Die Rezepttitel sind jeweils kursiv gesetzt.

Bezugsquellen

Weiterführende Informationen zu Standmixern und Entsaftern finden Sie auf folgenden Seiten im Internet:

www.vitamix.com
www.blendtec.com
www.power-trifft-design.de (Homepage der Firma BIANCO®)
www.pro-juice.co.uk
www.philips.de
www.magimix.fr
www.omegajuicers.com

DK | Penguin Random House

Für die englische Ausgabe
Autor Fern Green
Projektleitung Catie Ziller
Projektbetreuung Anna Osborn
Gestaltung und Satz Helen McTeer
Fotos Deirdre Rooney

Für die französische Ausgabe
Übersetzung Constance de Mascureau
Lektorat Lucie Léna
Herstellung Gérard Lamarche

Für die deutsche Ausgabe
Programmleitung Monika Schlitzer
Projektbetreuung Sarah Fischer, Hannah Schrott
Herstellungsleitung Dorothee Whittaker
Herstellungskoordination Katharina Dürmeier
Herstellung Sabine Hüttenkofer

Titel der französischen Originalausgabe: Green Smoothies – La Bible

3. Auflage 2015

Übersetzung Kirsten Gleinig
Lektorat Petra Teetz

ISBN 978-3-8310-2736-1

Printed and bound in Spain by Gràficas Estella

Besuchen Sie uns im Internet
www.dorlingkindersley.de

Hinweis
Die Informationen und Ratschläge in diesem Buch sind von den Autoren und vom Verlag sorgfältig erwogen und geprüft, dennoch kann eine Garantie nicht übernommen werden.
Eine Haftung der Autoren bzw. des Verlags und seiner Beauftragten für Personen-, Sach- und Vermögensschäden ist ausgeschlossen.